VENTE
Du Mardi 10 Mai 1904

HOTEL DROUOT, SALLE Nº 8

à 3 heures 1/2

TABLEAUX

MODERNES

AQUARELLES — PASTELS — DESSINS

COMMISSAIRE - PRISEUR

Mᵉ GEORGES BONNAUD

23, rue Le Peletier

EXPERT

M. L. MOLINE

20, rue Laffitte

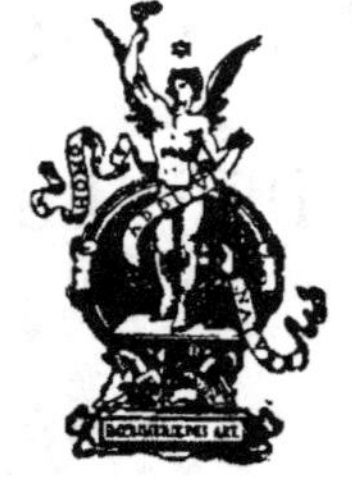

CATALOGUE

DES

TABLEAUX

MODERNES

PAR

BAIL (JOSEPH), BALLAVOINE, BEAUQUESNE, CHARVET, DULUARD,
GRASSET, GUILLOUX, JACQUE (CH.),
PROTAIS, RIVOIRE, TROUILLEBERT, VEYRASSAT, ETC.

Aquarelles, Pastels, Dessins

PAR

CHÉRET (J.), DAUBIGNY, DETAILLE (ÉDOUARD),
GUIRAND DE SCEVOLA, GUILLAUMIN, LUMINAIS, RAFFAELLI,
RODIN, STEINLEN, VAN MARCKE, ETC.

Dont la vente aura lieu

HOTEL DROUOT, SALLE N° 8
LE MARDI 10 MAI 1904

A 3 HEURES 1/2

COMMISSAIRE-PRISEUR	EXPERT
M* GEORGES BONNAUD	**M. L. MOLINE**
2e, rue Le Peletier	20, rue Laffitte

EXPOSITION PUBLIQUE

Le Lundi 9 Mai 1904, de deux heures à six heures

CONDITIONS DE LA VENTE

Elle sera faite au comptant.

Les acquéreurs payeront *dix pour cent* en sus des prix d'adjudication.

Paris — Imp. de l'Art, E. Moreau et Cⁱᵉ, 41, r. de la Victoire.

DÉSIGNATION

PEINTURES

BAIL (Joseph)

1 — *La Lecture du bréviaire.*

BALLAVOINE

2 — *Buste de Femme rousse.*

BEAUQUESNE

3 — *Champ de bataille.*

BOIVIN

4 — *Campement arabe.*

CHAVET

5 — *Jeune Femme à la cruche.*

DELPY (H.-J.)

6 — *Bords de l'Oise*.

DULUARD

7 — *Le Porte-Étendard*.

Panneau.

Haut., 56 cent.; larg., 46 cent.

GRASSET

8 — *A l'Hippodrome*.

Salon 1888.

GUILLOUX (Ch.)

9 — *Le Pont Alexandre*.

GUILLOUX (Ch.)

10 — *La Marne, à Précy*.

GUILLOUX (Ch.)

11 — *Le Pont-Neuf*.

JACQUE (Ch.)

12 — *Le Poulailler*.

Panneau.

Haut., 11 cent.; larg., 16 cent.

JACQUE (Ch.)

13 — *Chevaux. Environs du Croisic.*

JAPY

14 — *Paysage.*

LAVIELLE

15 — *Paysage d'automne.*

MENNERCH (Ch.)

16 — *Bords de la Seine.*

MENNERCH (Ch.)

17 — *Bords de rivière.*

MERLIN

18 — *Famille de chats.*

PROTAIS (Alexandre)

19 — *Souvenir de Crimée.*

Un détachement, venant de relever les senti-
nelles, reste au campement. Dans le fond, on aper-
çoit les moines du monastère de Saint-Georges.

Haut., 50 cent.; larg., 80 cent.

PROTAIS (Alexandre) :

20 — *Suisne.*

> Au bord d'une rivière, des soldats pêchent à la
> ligne, tandis que d'autres lavent leur linge.
>
> Haut., 73 cent.; larg., 58 cent.

RIVOIRE

21 — *Fleurs.*

ROBBE

22 — *Paysage et animaux.*

SAINT-LÉON

23 — *Lecture dans un parc.*

TROUILLEBERT

24 — *La Sabourauderie.*

VEYRASSAT

25 — *Paysage.*

> A gauche, deux femmes, l'une assise sur un âne
> allant au marché. A droite, deux bœufs avec leur
> conducteur.
>
> Haut., 54 cent.; larg., 68 cent.

(Provient de la vente après décès de l'artiste.)

AQUARELLES, PASTELS

DESSINS, ETC.

BAC

26 — Sous ce numéro, dix aquarelles : Femmes du Directoire et du XVIIIe siècle.

CHERET (JULES)

27 — *La Pavane.*

Sanguine.

CHERET (J.)

28 — *Pierrette.*

Sanguine.

CHERET (J.)

29 — *Soubrette.*

Sanguine.

DAUBIGNY

30 — *La Plaine.*

Sanguine.

DAUMIER (H.)

31 — *Deux Avocats.*

    Dessin.

DETAILLE (Ed.)

32 —

    Aquarelle.

        Haut., 32 cent.; larg., 23 cent.

    Avec dédicace :

        A mon ami Protais

            Detaille, mai 1885.

GROUX (H. DE)

33 — *Jules César.*

    Pastel.

GROUX (H. DE)

34 — *Le Dante.*

    Pastel.

GUIRAND DE SCEVOLA

35 — *Femme de profil.*

    Aquarelle.

GUILLAUMIN

36 — *Les Bords de la Seine, à Prais.*

    Pastel.

HELLEU

37 — *Jeune Fille.*

Sanguine.

JACQUE (Ch.)

38 — *Paysage.*

Dessin.

LUMINAIS

39 — *Idylle gauloise.*

Dessin.

LUMINAIS

40 — *Les Énervés de Jumièges.*

Dessin.

MONNIER (H.)

41 — *Deux Acteurs.*

Aquarelle.

RAFFAELLI

42 — *Jeux d'enfants.*

Dessin rehaussé.

RODIN

43 — *Invocation.*

Étude pour la porte de l'Enfer.
Dessin rehaussé d'aquarelle.

RODIN

44 — *Femme assise.*

> Étude pour la porte de l'Enfer.
> Dessin rehaussé d'aquarelle.

STEINLEN

45 — *Bruant et les chiens de Montmartre.*

> Dessin rehaussé d'aquarelle et pastel.

MARCKE (Van)

46 — *Chevauchée. Paysage romantique.*

> Gouache.

VOGLER

47 — *Effet de neige.*

> Pastel.

BRONZE

BARYE

48 — *Jaguar dévorant un lièvre.*
    Bronze.

49 — Objets non catalogués.